ÉTABLISSEMENTS FRANÇAIS DE [...]

EXPOSÉ DES MOTIFS

DU PROJET DE BUDGET DU SERVICE LOC[AL]

DES ÉTABLISSEMENTS FRANÇAIS DE L'OCÉANIE

POUR 1889

Présenté par M. Maurice d'INGREMARD, Directeur de l'Intérieur.

PAPEETE

IMPRIMERIE DU GOUVERNEMENT

Août 1888

EXPOSÉ DES MOTIFS

DU PROJET DE BUDGET DU SERVICE LOCAL

DES ÉTABLISSEMENTS FRANÇAIS DE L'OCÉANIE

POUR 1889

Présenté par M. Maurice d'INGREMARD, Directeur de l'Intérieur.

Messieurs les Conseillers généraux,

J'ai l'honneur de déposer sur le bureau du Conseil général, pour être soumis à la Commission coloniale, conformément à l'article 52 du 2ᵉ décret du 28 décembre 1885, le projet de budget des recettes et des dépenses du service Local pour l'exercice 1889, et l'exposé des motifs qui l'accompagne.

Ce document doit, selon l'usage établi, passer en revue successivement les recettes et les dépenses ; mais cette année, en raison de circonstances spéciales, il est nécessaire de donner auparavant au Conseil général quelques indications particulières sur l'économie du projet proposé, dont la physionomie d'ensemble diffère un peu de celle des précédents.

Le projet de budget que je soumets aux délibérations du Conseil général ne comprend pas en effet de budget extraordinaire ; partant, pas de prélèvement sur la caisse de réserve, hors d'état pour le moment d'être mise utilement à contribution. Quant aux dépenses extraordinaires, une partie en est reportée au budget ordinaire des dépenses ; le reste est supprimé, et le passif de la colonie est diminué d'autant, au moyen d'une combinaison, fort simple en elle-même, mais dont les conséquences peuvent exercer sur notre situation financière actuelle une influence très opportune: je veux parler de la rétrocession de la propriété de Mamao à la Caisse agricole qui l'a cédée en 1887 au service Local, en vue de l'installation, momentanément ajournée, d'un hôpital civil. Cette combinaison, dont l'unique but est de diminuer autant que possible les charges du budget futur, n'est pas, à proprement parler, le résulat d'une idée personnelle ; elle a déjà été débattue, et j'ai pu constater, au cours de la préparation du projet de 1889, que, préconisée plus d'une fois, elle avait été bien accueillie par qui de droit. Je l'ai donc, après examen, reprise pour mon compte et j'en ai fait l'une des bases du budget préparé par mon administration, non sans m'être assuré, au préalable, qu'elle avait, en cas d'adhésion du Conseil général, des chances sérieuses d'aboutir.

Je vous demande donc la permission, Messieurs, de vous exposer très-brièvement les lignes principales de l'opération en question et l'économie qu'elle doit réaliser, tant sur le budget actuel que sur celui de 1889.

Cédée au service Local au prix de 54,000 francs, la propriété de Mamao devait comprendre, comme je le disais tout à l'heure, un hôpital civil et un jardin botanique. Ce dernier seul existe, et les services qu'il est appelé à rendre en recommandent absolument le maintien. Mais ne pourrait-il prospérer en d'autres mains? Tout porte à le croire, d'autant que la Caisse agricole, à qui l'on en ferait retour, saurait choisir pour locataires ou fermiers des personnes offrant les garanties voulues.

Ceci posé, nous remarquerons que 18,000 francs seulement ont été payés en 1887. Le second versement, également de 18,000 fr., devait être fait le 1er mars dernier, mais il n'a pu avoir lieu faute de fonds disponibles. Quant au troisième versement, il figurerait au prochain budget, en sorte que, du chef de cette acquisition de Mamao, le service Local doit encore à la Caisse agricole une somme de 36,000 francs.

Supposons, Messieurs, la propriété rendue à la Caisse agricole : le service Local se trouve tout d'abord dégagé de sa dette de 36,000 fr., soit 18,000 fr. d'économie sur l'exercice en cours et 18,000 sur le prochain; en outre, les 18,000 fr. déjà payés lui seraient remis, et constitueraient une recette, à moins qu'il ne semble préférable de les affecter au paiement d'une dette d'égale somme.

La Caisse agricole est en effet, comme vous le savez, Messieurs. notre créancière à d'autres titres. Ainsi que j'aurai l'honneur de le détailler au budget des dépenses, nous lui devons, en dehors de Mamao, une somme de 38,346,79 pour reliquat d'avances dans différentes opérations d'immigration.

Ce total de 38,316,79 constitue une dette exigible dès maintenan en partie et qui le sera pour le tout dans le courant de 1889.

Or le remboursement des 18.000 fr. déjà payés à la Caisse agricole, et qui constituerait une disponibilité pour le service Local, ramènerait en définitive le découvert au chiffre de 20,316 79, soit 20,000 francs en chiffres ronds.

Pour la régularité des opérations, ces différentes dettes figurent au budget des dépenses de 1889, Chapitre 11, « Dépenses diverses, » article 2.

De même, les dépenses relatives au cadastre, prévues également au budget extraordinaire de l'année dernière, sont classées cette année dans le budget ordinaire au Chapitre 12 (Ponts et Chaussées). Il y a donc de ce fait deux augmentations sensibles au budget ordinaire ; mais la première de ces augmentations cessera a ec le parfait paiement de notre dette envers la Caisse agricole, et la seconde avec la cessation des opérations du cadastre, et nous aurons dès lors un budget simplifié, en même temps qu'un budget réduit : tel est, Messieurs, le but que se propose l'administration en soumettant son projet à votre approbation.

Je tenais à indiquer au Conseil général, en termes très sommaires comme vous le voyez, Messieurs, les raisons de la suppression des deux budgets extraordinaires, avant d'aborder la partie technique de ce travail.

Je vais maintenant avoir l'honneur de vous donner, sous une forme un peu plus explicite, toutes les explications que comporte le tableau général des prévisions de recettes et de dépenses dont l'ensemble constitue le projet de budget de 1889.

RECETTES.

La partie du projet afférente aux recettes est dans son cadre, comme dans ses différents détails, la reproduction périodique et en quelque sorte uniforme du tableau que vous avez annuellement sous les yeux : j'en pourrai donc, Messieurs, abréger les détails dans une certaine mesure, mais en m'efforçant néanmoins d'être complet.

Selon l'usage établi, le budget des recettes se divise en recettes ordinaires et extraordinaires, mais cette seconde partie ne retiendra pas notre attention, puisque, suivant les indications que j'ai eu l'honneur de fournir à l'instant, le prélèvement à la caisse de réserve est évité. Quant aux recettes ordinaires, elles se subdivisent en quatre parties, correspondant chacune à une source différente de charges fiscales ou de produits.

En premier lieu viennent les *Contributions sur rôles*, qui représentent pour Tahiti et Moorea 110,400 fr. et pour les archipels 28,745 fr., soit, au total général, 139,145 fr., chiffre supérieur de 13,625 fr. aux prévisions de l'année dernière. Je m'étendrai fort peu sur ce point, et je me bornerai à faire remarquer que ces prévisions sont basées sur la moyenne des résultats constatés pendant les cinq dernières années.

Les prévisions sont en effet les suivantes :

1° *Impôt de la prestation urbaine.* — Prévision : 7.000 fr., alors que les résultats constatés des recettes des cinq dernières années sont exactement :

En 1883...................	6.302^f »	
1884...................	6.144 »	Moyenne :
1885...................	4.872 »	
1886...................	5.712 »	6.559^f »
1887...................	9.769 »	

2° *Impôt mobilier.* — Prévision : 5,520 fr., en regard d'un rendement quinquennal antérieur de :

En 1883...................	5.291^f 46	
1884...................	4.543 53	Moyenne :
1885...................	4.210 82	
1886...................	4.819 95	5.866^f »
1887...................	5.414 86	

La prévision portée à ce paragraphe sera, selon toute probabilité, dépassée. En effet, la contribution mobilière qui, pour des raisons politiques, n'avait jamais frappé la population indigène, est appliquée, depuis le 1er janvier 1888, à tous les habitants indistinctement, en vertu d'un vœu émis par le Conseil général au cours de sa session ordinaire de 1887.

3° *Patentes fixes.* — Prévision . . . . 40.900ᶠ »
Et 4° *Patentes proportionnelles.* — Prévision . . . . 23.925 »

Ensemble. . . . . 64.825ᶠ »

Recettes antérieures pour ces deux contributions :

En 1883. . . . . 38.543ᶠ 16 ⎞
1884. . . . . 41.125 38 ⎟ Moyenne :
1885. . . . . 38.381 33 ⎬ 50.682ᶠ »
1886. . . . . 68.219 » ⎟
1887. . . . . 69.140 38 ⎠

5° *Rachat de journées de prestation.* — Prévision : 7,000 fr.
Résultats précédents :

Exercice 1883. . . . . 5.912ᶠ 90 ⎞
—   1884. . . . . 4.116 » ⎟ Moyenne :
—   1885. . . . . 4.045 » ⎬ 5.737ᶠ »
—   1886. . . . . 7.025 » ⎟
—   1887. . . . . 7.589 » ⎠

Au sujet de cette contribution particulière, l'administration n'a pas perdu le souvenir d'une délibération prise naguère par le Conseil général dans sa séance du 24 novembre 1886, et aux termes de laquelle la prestation en nature devait être remplacée par un impôt de 10 fr., dit *des routes ;* mais cette délibération, établissant une taxe nouvelle, et changeant l'assiette de l'impôt, ne pourra être mise en vigueur qu'après l'approbation de la métropole. Les prévisions ont donc dû—sauf modification ultérieure—être établies comme les années précédentes, et d'après la réglementation courante, qui fixe le taux du rachat à 2 fr. par journée.

Les différentes sources de revenus qui viennent d'être énumérées constituent, comme vous le savez, Messieurs, les contributions directes de la colonie, depuis que la plus importante, l'impôt personnel, compris dans la liste de ces contributions sous le régime de l'arrêté réglementaire du 16 février 1881, a disparu de notre législation fiscale, d'abord pour les femmes, aux termes de l'arrêté du

13 février 1884, puis d'une manière générale, en vertu de l'arrêté du 22 octobre 1887, pris en conformité de vos délibérations.

On a toutefois ajouté à ce premier chapitre des recettes le produit des *licences*, parce que cette contribution, indirecte par sa nature et son application, se perçoit sur rôles comme les précédentes.

Le montant de cette contribution, créée en 1873 et régie, comme les années précédentes, par l'arrêté du 16 février 1881, est prévu au projet de 1889 pour un total de 45,500 fr.

Le revenu des licences s'est élevé pour les cinq dernières années à :

44.541f 67.....................	en 1883	
40.708 33.....................	en 1884	Moyenne :
40.507 80.....................	en 1885	46.184f »
53.929 53.....................	en 1886	
51.835 13.....................	en 1887	

Enfin mentionnons, pour terminer cette partie de notre budget des recettes, quelques recettes accessoires qu'il n'est pas inutile de faire entrer en ligne de compte, ce sont :

1° *Les Restes à recouvrer sur exercices antérieurs*, prévus seulement pour 5,000 fr. Je n'ai pas besoin de faire remarquer combien est modérée cette prévision. Les mesures prises par l'administration, de concert avec le trésor, feront, selon toute apparence, rentrer dans la caisse locale des sommes bien supérieures, mais je n'ai pas voulu céder à la tentation d'escompter l'avenir sur ce point, me bornant à recommander la plus grande diligence aux divers agents de recouvrement. Ils ont, vous ne l'ignorez pas, Messieurs, un champ d'action assez vaste, puisque le budget local n'a pas, à l'heure actuelle, moins de 86,685 fr. 84 de restes impayés.

2° *Les Frais d'avertissements et de formules de patentes*, qui figurent aux prévisions pour 2,800 fr. ;

3° *Le montant des rentrées d'une partie des frais de poursuites pour le recouvrement des contributions*, soit 1,500 fr. ;

4° Enfin *le produit éventuel des rentrées d'exercices clos*, qui, selon l'usage, et dans l'incertitude où l'on se trouve forcément en pareille matière, est inscrit seulement pour mémoire.

Tous les chiffres dont je viens de parler, Messieurs, sont les totaux des prévisions respectives ; je ne fais pas le détail pour chaque établissement, ce serait évidemment un travail hors de proportion avec le cadre de ce rapport ; il est bien entendu toutefois que pour les recettes que nous venons de passer en revue et pour celles dont l'examen va suivre, les prévisions de chaque archipel sont basées sur les propositions des administrateurs, mises en comparaison avec les registres antérieurs de recettes déposés aux archives de la Direction de l'Intérieur.

Je passe, Messieurs, à la seconde section des recettes—*Droits perçus sur liquidations* — qui se réfère à deux services généraux, le service du Port et le service des Contributions.

Je n'ai rien de particulier à signaler sur le premier point ; les différents droits sur la navigation n'ayant pas été modifiés dans leur assiette ou dans leur mode de perception depuis l'établissement du dernier budget. Je me borne donc à vous en présenter le tableau, en mettant en regard les résultats des cinq dernières années :

	1883	1884	1885	1886	1887	Moyenne chiffres ronds	Prévisions pour 1889
Droits de pilotage....	10.743 »	12.619 »	8.363 73	9.637 73	12.311 73	10.813 »	11.000 »
— d'accostage aux quais........	8.836 60	12.187 26	8.430 50	9.047 20	12.093 50	10.243 »	10.500 »
— de phare......	3.073 43	5.841 50	4.834 75	5.503 01	6.504 10	5.333 »	6.000 »
— d'amarrage aux corps-morts.	330 »	90 »	127 50	213 »	180 »	248 »	230 »
— sanitaires.....	1.418 75	2.153 03	1.690 35	2.323 70	3.081 63	2.143 »	2.320 »

Quant aux produits des contributions indirectes, ils exigent quelques observations complémentaires :

1° *Le produit des droits de consommation sur les rhums, eaux-de-vie, etc., de fabrication locale,* est prévu pour 42,000 fr.

Cette prévision est supérieure à la moyenne des cinq dernières années, et peut par suite sembler excessive. Pour en expliquer la modération, il est nécessaire de se souvenir que les droits en ont été majorés dans une assez large mesure depuis leur création en 1881. Fixés à cette époque au taux uniforme de 0 fr. 40 par litre, ils ont été doublés, pour les rhums seulement, par l'arrêté du 13 février 1884 ; et l'arrêté du 18 décembre 1886 a généralisé la mesure en étendant le droit de 0 fr. 80 aux genièvres et aux whiskies. Le but de ces augmentations était d'établir une compensation partielle à la suppression de l'impôt personnel pour les femmes. Aussi les résultats de 1887 pour ces droits spéciaux sont-ils de 44,576 fr. 20, tandis qu'ils n'étaient que de 41,108 fr. 80 en 1886, do 39,621 fr. 23 en 1885, de 32,950 fr. en 1884 et de 26,411 fr. 60 en 1883.

Le chiffre de 42,000 fr., basé sur le rendement des deux dernières années, et sur les recettes constatées à l'heure actuelle pour l'exercice en cours, semble donc pouvoir être admis sans crainte.

2° *L'octroi de mer* comporte une augmentation de prévisions de 7,000 francs, mais comme ces prévisions sont destinées à s'adapter à un régime nouveau, il est facile de se rendre compte qu'elles n'ont rien d'exagéré. Parmi toutes les personnes qui, soit pour leur intérêt commercial, soit à raison de leur compétence spéciale ou de leurs fonctions administratives, s'occupent du mouvement général des affaires de la colonie, il est d'opinion courante, Messieurs, que le régime des tarifs différentiels assure au budget une plus-value de 100 à 150,000 francs au minimum.

Pour suivre à la lettre ces prédictions, il m'aurait fallu porter à plus de 600,000 francs le montant présumé des droits d'octroi de mer en 1889. Les prévisions de l'année 1888, consacrées par vous au budget, se sont élevées en effet au chiffre respectable de 531,000 francs, qui, je l'espère, peut être atteint, puisque les recettes réalisées de ce chef atteignent au 1ᵉʳ août la somme de 272,235 fr. 17. Mais avant d'établir la prévision nouvelle, j'ai tenu, Messieurs, pour me bien renseigner, à consulter les résultats antérieurs, et les données qu'ils m'ont fournies m'ont amené à observer sur ce point une certaine réserve.

Sans m'arrêter à l'historique budgétaire de l'octroi de mer depuis sa création en 1871, j'ai reconstitué l'échelle de son rendement annuel au cours des dix années qni viennent de s'écouler. En voici le tableau :

1877	322.667ᶠ 87
1878	330.599 17
1879	343.174 20
1880	324.866 57
1881	439.401 10
1882	451.055 20
1883	419.541 17
1884	476.118 74
1885	444.577 73
1886	390.606 08
1887	407.714 47

Je crois donc rester dans de justes limites en majorant légèrement les prévisions fixées par le Conseil général, parce que cette façon de procéder peut éviter pour l'avenir des surprises décevantes, tout en faisant la part large aux légitimes espérances que nous laisse entrevoir le tarif protecteur.

3° *Le droit sur les nacres* est prévu pour 10,000 fr., soit 500 fr. de plus que les prévisions de l'année dernière. Le revenu que ce droit spécial procure à la colonie a sensiblement différé d'importance, selon les règlements successifs qui l'ont régi. Pour les cinq dernières années, il a varié entre 6,000 et 14,000 fr., ainsi que l'indique la comparaison suivante :

```
1883.......................  10.037ᶠ 72  )
1884.......................   6.460 56  |  Moyenne :
1885.......................   6.044 04  }
1886.......................   6.552 48  |   8.537ᶠ »
1887.......................  13.589 86  )
```

Depuis le 1ᵉʳ janvier 1888, il a rapporté 10,163 fr. 18, recette constatée au 1ᵉʳ août courant.

L'éventualité d'un régime de tolérance pour le commerce et pour la pêche ne pourrait qu'augmenter dans une forte mesure le mouvement commercial de l'exercice prochain : la prévision de 10,000 fr. paraît donc modeste, et tout porte à croire qu'elle restera largement au-dessous du résultat définitif.

4° Je n'ai rien de particulier à relever au sujet :

Des droits de congé et de francisation, prévus pour.....   200ᶠ »
Du droit sur les ports d'armes........................ 1.000 »
Du droit sur les amendes et confiscations............   500 »

Cette recette ne figurait pas au dernier budget. J'ai pensé qu'il valait mieux la prévoir d'une manière spéciale plutôt que de la confondre dans l'ensemble des recettes diverses de l'article 3.

J'ai, au contraire, fait disparaître le produit des *permis de chasse*, puisque la prévision inscrite à ce titre au budget de 1888 n'a, en définitive, figuré que pour la forme. Vous vous rappelez, en effet, Messieurs, que, sur le vœu exprimé par la Chambre d'agriculture, l'administration n'a pas rapporté l'arrêté interdisant la chasse à Tahiti.

5° *Le produit des concessions d'eau* est porté pour 7,000 fr.

Les recettes des cinq dernières années ont atteint les chiffres suivants :

```
1883........................  2.744f 16 )
1884.. .....................  3.300   »  )  Moyenne :
1885........................  3.524 99 }
1886........................  6.211 17 )    4.726   »
1887........................  7.852 92 )
```

Le nombre des concessions allant sans cesse en augmentant,
on peut hardiment adopter, je crois, le chiffre proposé, qui est de
plus de 800 francs inférieur au rendement de l'année dernière. En
1888, on a déjà perçu de ce chef une somme de 3,800 fr. pour les
sept premiers mois de l'exercice.

6º Enfin je terminerai sur ce point, Messieurs, en mentionnant
comme recette perçue sur liquidation le produit de la *ferme de
l'opium*, soit 60,550 fr., aux termes du contrat du 13 octobre 1887,
dont la durée doit prendre fin au 30 juin 1889.

Il y aurait lieu, aux termes de notre réglementation fiscale, de
prévoir au titre qui nous occupe une dernière recette : l'impôt sur
les poids et mesures (arrêtés des 25 janvier 1883 et 10 janvier
1887), mais le service de la vérification n'est pas encore organisé.
L'administration compte se préoccuper, d'ici à la fin de l'année,
d'en assurer le fonctionnement.

En résumé, les droits perçus sur liquidations atteignent un total
de 689,500 fr., soit 26,810 de plus que l'année dernière.

———

La 3ᵉ partie de l'étude des recettes comprend, Messieurs, les
produits des divers services, et en premier lieu les *droits d'enregistrement et droits domaniaux*. Je ne m'arrêterai pas longuement
sur ce point. Ces différents produits accusent une augmentation
totale de 955 fr.

4,000 fr. sont prévus en plus aux droits d'enregistrement proprement dits, pour suivre la moyenne donnée par les cinq dernières
années, d'après le tableau ci-après :

```
Recouvrements effectués en 1883..........  23.711f 01 )
            —              1884..........  32.822 30  )  Moyenne :
            —              1885..........  31.283 48 }
            —              1886..........  18.786 08  )   26.386f  »
            —              1887..........  22.327 08 )
```

200 fr. pour les droits de greffe (même considération);

25 fr. pour les amendes de contravention, prévision nouvelle, qu'il est régulier d'inscrire, puisque cette recette, malgré son modeste rapport, fait l'objet d'un paragraphe spécial dans les écritures de l'Enregistrement.

Mais, dans un sens opposé, j'ai quatre diminutions à signaler :

2,000 fr. en moins sur les amendes de condamnation, qui n'ont donné, comme moyenne quinquennale, que le chiffre de 12,939 fr., comme l'indique la comparaison suivante :

1883..............................	5.621f 15	
1884..............................	6.075 »	Moyenne :
1885..............................	23.249 39	12.939
1889..............................	11.275 08	
1887..............................	18.476 44	

ce qui m'a fait préférer le chiffre de 16,000 à celui de 18,000 inscrit l'année dernière.

300 fr. sur les amendes de condamnation et 500 fr. sur les frais de justice et autres produits divers, toujours pour me rapprocher aussi exactement que possible des moyennes constatées.

Une raison analogue m'a fait réduire de 470 fr. le produit du Domaine et des recettes qui s'y rapportent : j'ai pris comme prévisions le chiffre exact que donne la récapitulation des divers revenus domaniaux, soit 22,530 fr.

Voici, à titre de renseignement, les chiffres des produits domaniaux depuis 1883 :

En 1883..............................	13.808 90	
1884..............................	14.633 18	Moyenne :
1885..............................	10.670 50	13.571 »
1886..............................	11.328 »	
1887..............................	17.413 70	

L'augmentation notable qui ressort de la comparaison de ce chiffre moyen avec les prévisions nouvelles s'explique naturellement par les revenus plus importants du troupeau local.

⁎

Quant aux services divers renfermés dans le paragraphe 2 de l'article 3, trois d'entre eux sont augmentés aux prévisions ; ce sont :

1° *Le produit de la taxe des lettres ;* augmentation de 500 fr. pour mettre les prévisions en conformité avec la somme des taxes perçues en 1886 et 1887, où le montant des recettes s'est successivement élévé à 12,427 50 et à 12,502 95. Le mouvement des correspondances ne faisant que s'accentuer, on peut sans crainte forcer légèrement le chiffre de 12,000 inscrit l'année dernière,

2° *Les recettes diverses*, portées de 5,016 62 à 7,000 ; leur chiffre, très variable, s'est monté à 24,501 87 en 1886, et à 9,516 70 en 1887. Déjà pour les huit premiers mois de 1888, le chiffre de 5,000 est notablement dépassé.

Notons en passant, Messieurs, que l'élément principal de ces recettes diverses est le droit de 1/2 p. 0/0 sur les mandats d'articles d'argent, qui peut s'évaluer à 6, 000 fr. en chiffres ronds.

3° *Le revenu du travail des détenus*, doublé aux prévisions, est porté de 2,000 à 4,000 fr., en se basant également sur les deux dernières années, pendant lesquelles il a donné 3,816 fr. 16 en 1886 et 5,350 fr. 30 en 1887.

Inversement, le produit de l'imprimerie du gouvernement est diminué de 500 fr. Les recettes de cet établissement, qui en 1883 atteignaient le chiffre de 9,324 fr. 47, sont successivement descendues à 8,053 fr. 13, 7,403 fr. 36, 8,340 fr. 22, pour tomber enfin, en 1887, à 4,386 fr. 86.

Pour être aussi exact que possible, j'ai donc ramené de 5,000 à 4,500 fr. le chiffre des prévisions. Bien qu'il soit difficile à l'administration d'accueillir avec satisfaction une diminution quelconque de ses recettes, je saisis cette occasion pour faire constater au Conseil général que l'imprimerie administrative ne retire point grand profit de la prétendue concurrence dont on lui fait parfois un grief ; cette concurrence à l'industrie privée ne s'exerce, dans tous les cas, vous le voyez, Messieurs, que dans de bien faibles limites, puisque les résultats en sont insignifiants.

900 fr. sont également diminués sur le produit de *la taxe des chiens*, dont le rendement a toujours été inférieur aux prévisions de l'année dernière.

L'article 3 du budget des recettes accuse donc, tout d compte terminé, 8,678 38 d'augmentation et 4,670 de réduction, soit une augmentation définitive de 4,008 38, les recettes d'exercices clos étant, comme précédemment, comptées pour mémoire.

Pour mémoire également, et dans un autre ordre d'idées, j'ai prévu, Messieurs, la subvention pour le service postal international, subvention qu'il n'y a pas lieu de porter en chiffres effectifs, puisqu'elle est affectée presque en totalité à une dépense d'ordre général qui ne figure pas au budget des dépenses.

Je n'ai point donné non plus de chiffre ferme aux *recettes d'ordre*, constituées presque uniquement de recettes en atténuation de dépenses, annulées elles-mêmes au fur et à mesure des annulations de paiements.

Quant à la *subvention métropolitaine au service Local*, elle est, selon l'usage actuel, de 97,220 fr.

Avec elle se termine l'énumération de nos recettes ordinaires.

Les recettes extraordinaires n'existent plus, si l'on adopte la combinaison que je proposais au début de cet exposé. Il y aurait donc de ce chef une diminution de 70,871 fr. 73, montant des allocations extraordinaires autorisées l'année dernière par le budget lui-même et par l'arrêté complémentaire de prélèvement du 31 décembre 1887; mais comme elle correspond à une diminution de dépenses, nous n'avons pas à nous y arrêter.

J'ai donc terminé, Messieurs, l'explication des différences constatées au projet de budget des recettes, et je vais aborder la seconde division du travail, l'examen des dépenses pour 1889.

DÉPENSES

L'étude des dépenses nous retiendra, selon l'usage, plus longtemps, parce qu'elle exige des développements plus circonstanciés : c'est en effet dans cet examen détaillé des besoins généraux ou particuliers du pays que réside, à proprement parler, tout l'intérêt de l'œuvre budgétaire. Tandis que l'échelle des recettes suit dans ses variations multiples le courant accidenté de la fortune publique et des affaires, la classification des dépenses, au contraire, comporte une précision beaucoup plus grande et peut offrir un élément plus certain à l'appréciation prévoyante des mandataires du pays ou des représentants de l'administration. Il est donc essentiel—ou tout au moins profondément désirable—que cette consécration annuelle des différents rouages de la colonie s'effectue avec tout l'esprit d'entente et de bonne harmonie qui, dans un pays démocratique, régi par des institutions libérales, doit être pour la vie publique la base constante des relations communes.

C'est dans cet ordre d'idées, Messieurs, que j'ai tenu à maintenir, sans même en rechercher les motifs ou la portée pratique, la subdivision de chaque chapitre en « Personnel » et « Matériel » jusqu'à présent en faveur au sein de cette assemblée. J'ai conservé aussi — sauf un ou deux points sans aucune importance — l'ordre et le détail des articles suivis par mon honorable prédécesseur dans l'établissement du dernier budget ; en sorte que, selon toute apparence, le cadre du projet nouveau ne subira point de modifications : les chiffres seuls restant, dès lors, l'objet de la discussion, permettez-moi, Messieurs, d'espérer qu'ils réuniront, d'une façon générale, votre suffrage, et que vous voudrez bien en reconnaître la modération. Ainsi que j'ai eu l'honneur de vous l'exposer dans la première partie de ce travail, le budget qui vous est soumis en projet est, dans la mesure du possible, un budget d'économies. Je ne reviendrai pas sur la combinaison qui m'a permis de supprimer le budget extraordinaire et d'éviter tout prélèvement sur une caisse de réserve appauvrie : je donnerai au Conseil général — au cours de la discussion même — tous les renseignements complémentaires qu'il voudra bien me demander ; je n'insisterai pas davantage sur la comparaison de mes propositions avec celles d'exercices antérieurs : ce serait allonger inutilement ce rapport ; je me bornerai, Messieurs, à vous mettre en évidence un point tout spécial, mais qui — j'en ai la conviction — doit vous frapper : la plupart des chapitres de dépenses ont subi une diminution, diminution notable sur plusieurs, et qui est le résultat d'une étude serrée de nos registres de contrôle pour les dépenses de toute nature réglées par mon administration. Ce n'est pas tout : à part deux ou trois exceptions tout au plus, les augmentations que vous pourrez constater dans les quelques chapitres majorés n'existent qu'en apparence, et sont la conséquence directe d'économies correspondantes réalisées par ailleurs. Au surplus, Messieurs, le chiffre total de la balance vous indique que je n'ai pas cherché à accroître les charges de la colonie, au moment où sa situation financière semble commander une réserve prudente. C'est donc avec confiance que j'aborde la partie matérielle de cet exposé, en vous donnant par avance, et sans préjudice des développements que comporteront nos débats futurs, l'explication raisonnée des différences et des modifications dont vous avez relevé la trace.

I

TAHITI ET MOOREA.

La première partie de notre étude a trait, selon l'usage admis depuis 1884, aux iles Tahiti et Moorea. Elle comprend, comme vous le savez, Messieurs, 16 chapitres différents ; je ne m'arrêterai pas aux cinq premiers :

« Pensions et secours ; »
« Contingent imposé par la loi de finances ; »
« Gouvernement — Conseil privé — Personnel et Matériel ; »
« Conseil général. »

Ces chapitres sont en effet la reproduction identique des budgets antérieurs ; nous n'avons à relever que deux différences : une diminution du 360 fr. au Chapitre 1er provenant du décès d'un pensionnaire, et une augmentation de 4,000 fr. au Chapitre 5, « Conseil général ». Je prévois à ce chapitre, Messieurs, en dehors de la subvention représentative des dépenses de l'assemblée locale, une somme de 4,000 fr. destinée à subvenir aux frais d'impression de vos travaux. Cette dépense me semble ainsi classée d'une manière plus exacte ; je serais donc heureux que cette façon nouvelle de procéder reçût votre agrément.

* * *

Le *Chapitre 6*, « *Services administratifs* », nous offre un champ d'action et de discussion plus vaste, puisqu'il résume tous les services administratifs n'ayant point par eux-mêmes un caractère fiscal ou financier. Vous remarquerez à ce propos, Messieurs, que j'en ai retranché un article, « Service des postes », que par une transposition, logique à mon sens, j'ai fait passer au Chapitre 10, « Services financiers ». Il m'a paru préférable de l'inscrire auprès de services similaires, au moins quant à leur influence sur la caisse locale ; la poste est une des sources de nos recettes : je l'ai placée à côté des contributions et de l'enregistrement. Nous ne comptons donc plus que dix articles au Chapitre 6. Sur ces dix articles, quatre — les articles 1, « Direction de l'Intérieur » ; 3, « État civil » ; 4, « Police » ; 5, « Prisons »—n'ont subi aucune modification. Je ne m'y arrêterai donc point dans cet exposé, m'en tenant à l'argumentation de mes prédécesseurs que tous, Messieurs, vous avez suivie. Si je les passe aussi brièvement en revue, ce n'est pas, bien entendu, que je méconnaisse leur importance. Plusieurs d'entre eux — sans les nommer — ont vu de longues discussions et peuvent amener encore d'intéressants débats. Mais c'est seulement à l'heure de la discussion générale que nous en devons remettre l'examen, puisque — en tant que projet — leurs totaux respectifs n'ont point changé d'assiette ou de quotité.

Je ferai pourtant une remarque incidente qui a trait à l'article 4, « Police ». Je crois qu'il serait équitable d'augmenter légèrement le personnel et de récompenser sous forme de gratification deux bons serviteurs de ce service, qui—disons-le sans hésitation—est sur les dents. Le personnel de la police s'est plié aux exigences budgétaires, et malgré les réductions des dernières années, il a fonctionné régulièrement. Respectueux des décisions prises, et ne voulant pas revenir sur une question momentanément jugée, je n'ai pas voulu augmenter les prévisions du budget de la police, mais si le Conseil général, en présence d'économies réalisées d'autre part, croyait devoir se montrer plus large, le représentant de l'administration le suivrait avec satisfaction dans cette voie : vous auriez alors à vous prononcer, Messieurs, sur l'opportunité de la création d'un mutoi à Faaa et à Arue, devant naturellement concourir à l'organisation générale du service lors des rassemblements périodiques au chef-lieu ou dans les cas d'urgence ou de danger public ; je serais même heureux de vous voir accueillir favorablement l'éventualité de la création d'un nouvel emploi d'agent européen à Papeete, sans préjudice toujours des gratifications méritées dont je parlais tout à l'heure ; mais, je le répète, j'ai tenu à modérer mes prévisions, afin de ne pas sembler un seul instant donner comme un brevet d'insuffisance aux allocations régulièrement inscrites après débat contradictoire avec vous. Je le dis, Messieurs, avec franchise : réduit suivant vos données, le service de la police a marché ; il marche encore au prix de fatigues et de peines, et c'est ce qui m'a permis de maintenir, sans engager ma responsabilité vis à vis du public, les crédits inscrits l'année dernière ; mais il marcherait beaucoup mieux si l'on augmentait son cadre et si l'on stimulait le zèle de ses meilleurs agents. Je vous fais juges, Messieurs, avec l'idée—je vous l'avoue—que la façon discrète dont procède l'administration pourra vous amener à des concessions que je puis garantir d'avance très sympathiques à la population qui les réclame.

Je vous parlais à l'instant, Messieurs, d'économies réalisées sur les autres articles : vous avez pu constater par vous-mêmes le bien-fondé de cette assertion ; tous les autres articles du Chapitre 6 présentent en effet des diminutions sensibles, dont le total est de 7,865 fr. 50 c., et dont voici ci-après le détail :

Art. 6. « Aliénés, assistance publique » : Diminution de résultant du décès d'une personne secourue.   600ᶠ »

Art. 7. « Service sanitaire » : Diminution de 400 fr. sur les dépenses relatives aux arraisonnements. L'examen des registres de contrôle m'a permis de prévoir hardiment cette diminution. Le chiffre de 1,000 fr. porté précédemment est toujours loin d'être atteint.........   400 »

Art. 8. « Imprimerie » : Diminution de 3,186 fr. 50. Je réalise à cet article une économie sur le personnel, au moyen de la classification nouvelle que vous avez sous les yeux ; les éléments principaux de cette économie sont l'amoindrissement de la solde du chef du service qui sera appelé à remplacer lors de sa retraite prochaine l'honorable titulaire actuel, et d'un autre côté la suppression d'un emploi de compositeur. Le cadre ainsi constitué ne saurait plus être réduit sans que l'on compromît irrémédiablement le fonctionnement du service : le Conseil général appréciera, j'en ai l'espoir, les sentiments qui m'ont guidé dans cette circonstance. En poussant jusqu'à sa limite extrême l'économie sur le personnel officiel, l'administration entend donner la preuve qu'elle ne veut pas faire de son imprimerie un établissement de concurrence, pouvant porter ombrage à l'industrie privée : elle compte qu'on ne lui marchandera pas en échange les allocations indispensables pour l'exécution des travaux administratifs, dont la mise à jour comme la publication ne chôme jamais, et qu'il est nécessaire d'assurer sous un contrôle hiérarchique et permanent. L'utilité des ateliers officiels d'imprimerie dans une colonie comme la nôtre n'est plus à démontrer depuis longtemps. Dans chacun de nos établissements coloniaux, la question s'est souvent

A reporter......   1.000ᶠ »

Report...... 1.000^f »

posée, et l'institution des imprimeries gouvernemen-
tales a été fréquemment attaquée, battue en brèche en
sens divers. A peu près partout, elle a été maintenue
par les Conseils généraux, parce qu'elle répond à des
exigences dont il est nécessaire de tenir compte. Ce
n'est point ici le lieu de reprendre la question dans ses
détails ; j'aurai l'honneur de développer, s'il est besoin,
lors· de la discussion en séance, les considérations ma-
jeures qui recommandent le maintien du système
actuel.. 3.186 50

L'art. 9, « Ports et Rades », présente une diminution
de 3,679 fr. Là encore, Messieurs, et bien que le personnel de ce service puisse à peine suffire à ses travaux
de tout genre, j'ai pu prévoir une diminution sur les
soldes, en remplaçant d'abord un gardien de phare européen par un indigène, et en supprimant deux élèves-
pilotes, le crédit inscrit pour ces derniers n'étant jamais
dépensé par suite du manque de candidats. J'ai réduit
également le matériel, en me basant toujours sur les
dépenses réelles des années précédentes. Je signalerai
particulièrement dans cet ordre d'idées une réduction de
1,000 fr. sur l'entretien des bouées et balises, renouve-
lées en grande partie cette année, et une autre de 500 fr.
sur l'entretien des embarcations du service Local. Deux
achats avantageux d'embarcations neuves ont permis
de prévoir cette diminution sans gêner d'une façon sérieuse le service du port. C'est d'ailleurs avec les petites
réductions de cette nature que l'on arrive à des économies plus appréciables, les grosses économies étant naturellement d'une réalisation plus difficile ou tout au
moins plus délicate. J'enregistre donc, pour en finir
sur le Chapitre 6, cette économie de................. 3.679 »

qui, s'ajoutant aux précédentes, donne pour le cha-
pitre la réduction totale de...................... 7.865^f50

Toutefois cette économie va se réduire en réalité
à 6,459 fr. Un article en effet, un seul, comporte une
légère augmentation que je dois signaler en terminant.

A reporter...... 7.865^f50

Report......... 7.865'50

Je veux parler de l'article 2, « Chefferies », qui accuse
une majoration de prévisions de.................... 1.406 50

Cette majoration, Messieurs, provient de l'augmentation d'indemnité accordée à certains chefs par l'arrêté
du 30 décembre 1887. Cette raison politique me dis-
pense de la défendre, et tout porte à croire qu'elle sera
votée sans débat. Je la retranche du montant total des
économies prévues, et il nous reste, comme je le disais
tout à l'heure, une économie définitive de.......... 6.459' •

.•.

Je passe au *Chapitre 7*, « *Instruction publique* », et nous abordons
avec lui l'une des parties les plus intéressantes en même temps que
les plus essentielles sans contredit de notre étude budgétaire. Ici,
Messieurs, les chiffres parlent d'eux-mêmes, et, permettez-moi de
le dire, l'augmentation qu'ils accusent n'a besoin ni d'excuse ni
même d'explications oratoires : il s'agit de l'instruction publique ;
il s'agit d'assurer par des ressources suffisantes le fonctionnement
de l'une des forces vives du pays, de celle qui doit conduire la
colonie dans la voie du bien-être économique et matériel ; on peut
donc discuter sur les détails, mais il me paraît difficile de contester
en principe le caractère éminemment élevé, la portée utilitaire et
pratique d'une pareille dépense. Il y a, il est vrai, 24,639 fr. 49
d'augmentation, puisque nos prévisions s'élèvent — déduction faite
du cinquantième sur les dépenses du personnel — à la somme de
83,839 fr. 49, tandis que le total des crédits alloués par vous l'année
dernière ne s'élevait qu'à 59,200 francs.

Mais je dois faire remarquer tout d'abord au Conseil général que
dans cette augmentation figure une dépense inscrite chaque année
et que l'on avait pu éviter l'année dernière, grâce à une situation
exceptionnelle : je veux parler de l'achat de livres de prix pour les
écoles, soit 2,500 fr. Vous vous souvenez en effet, Messieurs, que
lors de l'établissement du dernier budget, la colonie était en possession d'un envoi de livres fait trop tardivement par la métropole
en 1886 et qui a servi en 1887. Pour l'année prochaine comme pour
l'année en cours, la dépense s'impose à nouveau et l'on ne saurait,
en bonne justice, en faire le moindre grief à l'administration actuelle.

En second lieu, j'ai prévu au projet de budget une somme de

2,000 fr. destinée à l'entretien de boursiers ou demi-boursiers dans les établissements métropolitains; d'où une augmentation nouvelle de 2,000 fr., dont l'inscription permet à la colonie de donner aux plus méritants ou aux plus intéressants de ses enfants les bienfaits d'une instruction complète et d'une solide éducation française. Personne, à coup sûr, ne critiquera cette dépense, mais elle ne fait pas moins nombre dans la balance définitive et, en s'ajoutant à la précédente, elle constitue déjà un accroissement de charges forcé de 4,500 francs.

Le reste, Messieurs, soit 20,139 fr. 49, est afférent aux dépenses du personnel. Ce n'est point ici le lieu d'étudier en détail le mobile et le but de cette augmentation, et j'empiéterais sur vos débats prochains si j'entamais une discussion qui, peut-être, ne sera pas soulevée. Mais ce que j'ai le devoir de faire remarquer dès à présent, et sans attendre, c'est que le projet total que je vous présente a uniquement en vue la consécration d'une situation acquise, la confirmation d'un état de choses existant — pour le plus grand bien de la propagation de notre langue, de notre esprit et de nos mœurs — depuis la dernière réglementation de l'instruction publique dans la colonie. J'ai la confiance que vous voudrez bien maintenir les choses en l'état, en vous inspirant de vos sentiments patriotiques et de vos tendances libérales, et que vous donnerez sans réserve à l'œuvre courageusement entreprise par l'autorité supérieure et par mes devanciers le concours de vos sympathies et l'appui de vos finances.

Je prends la liberté de faire remarquer au Conseil général que, respectueuse elle aussi des situations acquises, l'administration s'est fait un devoir de maintenir intégralement et sans réticences la subvention prévue naguère au profit des écoles libres, ne voulant pas dans une question fondamentale, vitale — si nous disons le mot vrai — pour l'avenir de ce pays, mettre une entrave quelconque aux intelligences, aux bonnes volontés, aux dévouements qui se sont offerts à notre service. Tout en consacrant sans réserves le principe et le fonctionnement de l'enseignement public officiel, nous avons, n'est-il pas vrai, dans la situation particulière de la colonie, le devoir d'accepter avec empressement — d'où qu'ils viennent — et d'encourager, dans la mesure de nos moyens, tous ceux qui se sont donnés à l'entreprise ardue, souvent ingrate, mais éminemment réconfortante et honorable, de diriger la jeunesse française de l'Océanie dans la voie du devoir, de la moralisation et du progrès.

Je n'insiste pas, Messieurs: je vous donnerai tous les détails lorsque la discussion se déroulera devant vous; je m'en voudrais, au surplus, de m'étendre à l'excès sur ce point devant une assemblée qui, certainement, est animée à l'égard de l'instruction en général et de l'enseignement national en particulier des sentiments que je ressens moi-même.

Je poursuis donc cet exposé de motifs, que j'ai le désir d'abréger dans la mesure du possible, et j'arrive au Chapitre 8.

** **

Le *Chapitre 8*, « *Justice*, » accuse une diminution de 5,191 fr. 56, provenant de la suppression du tribunal de paix de Taravao, qui n'aura plus de titulaire, et sera desservi périodiquement par les soins de l'administration judiciaire du chef-lieu.

Le Conseil général comprendra la réserve qu'impose sur cette matière, au représentant de l'administration, certaine proposition récente, dont l'adoption votée sous une forme quelque peu comminatoire semble présager un débat délicat. J'attendrai donc l'heure de la discussion, me bornant à faire ressortir dès maintenant, que les dépenses de la justice ont un caractère tellement au-dessus de toute question de parti, de toute divergence administrative ou financière, qu'elles sont considérées par les meilleurs esprits comme obligatoires, soit dans le texte, soit en fait, en raison de leur essence même et de leurs attributs égalitaires ou sociaux.

Notons toutefois en passant, Messieurs, que la diminution dont nous parlions tout-à-l'heure est une satisfaction, partielle sans doute, mais présentée sous une forme nette et effective, aux desiderata formulés par l'assemblée locale au cours de sa dernière session.

** **

Au *Chapitre 9*, « *Cultes* », je n'ai rien de particulier à relever. Il est exactement le même comme cadre général et comme chiffres d'allocations que celui de l'année dernière. Je ne m'y arrêterai donc pas; cependant je me crois autorisé à faire savoir au Conseil général que nous avons soumis favorablement à la métropole — en vue des budgets coloniaux de 1889 et de 1890 — le vœu du Conseil général tendant à décharger le budget local de certaines dépenses de solde.

Chapitre 10.—Le Chapitre 10 comprend, comme vous le savez, Messieurs, les « *Services financiers* » de la colonie, c'est-à-dire non seulement le service du trésor proprement dit, en ce qui touche la gérance des fonds locaux, mais encore les rouages administratifs qui lui sont intimement liés : contributions, postes et enregistrement. Il comprend également les services des agents spéciaux de Taravao et de Moorea.

L'art. 1er a trait aux *remises* des divers agents de comptabilité et particulièrement du trésorier-payeur en sa qualité de comptable des deniers locaux.

Nous sommes ici, Messieurs, en face d'une prévision forcément aléatoire et qu'il est toujours impossible d'établir d'une façon certaine, puisque les remises en question varient naturellement avec le rendement des recettes perçues. Les remises allouées au trésorier-payeur pour le compte du service Local ont varié suivant les époques et ont fait l'objet de cinq arrêtés différents, échelonnés sur une période de plus d'une vingtaine d'années.

Le 5 mars 1856, un arrêté local réglemente les remises « pour la perception directe et la centralisation des produits du service Local », et les établit d'après les bases suivantes : 6 p. 0/0 sur les premiers 50,000 fr. ; 5 p. 0/0 sur les 50,000 fr. suivants ; 3 p. 0/0 de 100,000 à 300,000 ; 2 p. 0/0 de 300,000 à 1,000,000 ; 1 p. 0/0 sur toutes sommes excédant un million.

Le 1er février 1864, arrêté modificatif fixant le taux des remises à : 6 p. 0/0 sur le montant des contributions directes sur rôles ; 3 p. 0/0 sur le montant des droits perçus sur liquidation ; 1 1/2 p. 0/0 sur le montant des versements des receveurs de l'enregistrement et des postes et du chef de l'imprimerie.

Sept années plus tard, l'arrêté du 31 janvier 1871 diminue le taux général des remises : il reproduit le tarif précédent, en réduisant de 6 p. 0/0 à 4 p. 0/0 la remise sur les contributions directes sur rôles.

L'arrêté du 8 mai 1872 établit une remise de 4 p. 0/0 sur le recouvrement des produits de l'octroi de mer créé par l'arrêté du 28 décembre 1871.

Enfin l'arrêté du 28 mai 1877 ramène à 3 p. 0/0 le taux de cette remise ; en sorte que les remises actuelles du tré-orier se trouvent fixées comme suit :

- 3 p. 0/0 sur les droits d'octroi de mer ;
- 4 p. 0/0 sur les contributions sur rôles ;
- 3 p. 0/0 sur les liquidations de droits ;
- 1 1/2 p. 0/0 sur les produits versés par les chefs de service de l'enregistrement, des postes, des contributions et de l'imprimerie.

Le chiffre de ces remises s'augmentera-t-il au cours de l'exercice 1889 ? C'est à présumer et, nous pouvons dire sans crainte, à espérer, puisque toute augmentation de ce chef sera l'indice certain d'un accroissement des recettes de la colonie. Les nouveaux tarifs d'octroi de mer modifieront, selon toute apparence, l'assiette des remises du Trésor, et personne ne songera à s'en plaindre. Néanmoins, pour ne pas escompter par avance l'influence heureuse du régime nouveau, j'ai maintenu les remises au chiffre de l'année dernière. On aura, je le pense, à constater l'insuffisance de la prévision, et l'on réglera avec satisfaction ce tant pour cent dont la progression croissante sera d'un bon augure pour les réserves futures de la caisse locale.

Au second paragraphe de l'article 1er, « *Remises à divers comptables* », j'ai fait rentrer, dans l'estimation de ces remises diverses, le crédit de 900 fr. relatif à la prime de 0' 50 par plaque d'impôt sur les chiens, qui faisait auparavant double emploi avec la remise de 2 1/ 2 p. 0/0 sur la même recette. De cette façon, les agents verbalisateurs ne toucheront plus que la prime fixe, d'où une légère diminution. De plus, une réduction est réalisée par la suppression des remises aux agents spéciaux de Tahiti et de Moorea sur l'impôt personnel disparu. Les deux paragraphes réunis en un seul présentent, par suite, une diminution définitive de 400 francs.

Je ne m'arrêterai pas à l'article 2, « Enregistrement », qui n'est que la reproduction exacte des crédits alloués l'année dernière; ni à l'article 4, « Agents de Taravao et de Moorea », qui accuse une simple augmentation de 600 fr., en exécution de votre récente délibération allouant une indemnité de logement à l'agent de Taravao.

* *

Quant à l'article 3, « *Contributions* », il nécessite forcément quelques explications. Comme vous l'avez remarqué, Messieurs, cet article, d'une importance capitale dans la discussion du budget des dépenses, présente une majoration de 9,914 fr. sur les crédits alloués l'an dernier. Rien n'est changé pour le matériel ; le personnel seul fait ici l'objet de l'augmentation prévue. A peine est-il besoin, Messieurs, de vous en exposer les raisons : lors de votre dernière session, vous avez, dans un élan patriotique dont l'administration n'a point perdu le souvenir, remanié la réglementation de l'octroi de mer dans un sens de protection pour le commerce national : des tarifs différentiels ont été établis, et avec eux s'ouvre un régime nouveau hautement favorable à nos finances et dont les résultats heureux commencent déjà à se faire ressentir. Mais la modification de l'état de choses primitif amène avec elle une conséquence inévitable : je veux parler de l'accroissement de travail incontestable, et hors de proportion avec le cadre, que donne au service des Contributions le décompte des factures et l'étude des manifestes. Je ne crois pas qu'il soit utile d'insister sur ce point : avec le tarif ordinaire de 13 p. 0/0, une simple opération suffisait pour l'établissement du droit ; avec le tarif différentiel au contraire, applicable à l'espèce et non à la valeur, c'est par une série de calculs qu'il est nécessaire de procéder pour préparer la liquidation totale. C'est un travail complexe exigeant forcément un personnel plus nombreux : d'où les propositions qui vous sont faites.

L'augmentation du personnel se décompose de la manière suivante : remplacement d'un commis de 3e classe par un de seconde ; création d'un emploi de commis de 4e classe ; création de deux agents du service actif.

Cette prévision est établie avec modération, et ne répond même pas aux propositions du service intéressé, qu'elle réduit dans une mesure appréciable.

J'ai, Messieurs, la confiance, que le Conseil général, soucieux d'assurer le recouvrement prompt et régulier de sa meilleure source de recettes — l'octroi de mer — ne marchandera pas à l'administration les crédits qu'elle juge nécessaires pour accepter sans crainte la responsabilité des opérations de toute nature que le bureau des Contributions a le devoir d'effectuer. Je sais que je touche là un point délicat entre tous, mais ce n'est point le moment, dans cet exposé d'ensemble, de me livrer à une digression quelconque sur les mérites d'un personnel appelé par la nature même de ses fonctions à soulever les appréciations les plus diverses. Je me réserve, s'il est utile, de débattre en séance publique cette intéres-

sante question, et je me borne à assurer le Conseil qu'en demandant
un sacrifice plus grand — sacrifice justifié par des circonstances
impérieuses et par des motifs graves d'opportunité budgétaire —
l'administration est toute disposée à offrir des compensations sérieuses ; elle s'est en effet livrée à un examen approfondi des desiderata et des réclamations du commerce dont plusieurs d'entre vous
s'étaient faits les interprètes, et chaque fois que la chose sera
possible, elle donnera satisfaction au vœu de l'Assemblée locale.
Je n'insiste donc pas, Messieurs, et je livre la question à vos ré-
flexions particulières, avec l'espoir de nous rencontrer à l'heure de
la discussion sur un terrain d'entente commune et de concilia-
tion.

*   *

Je passe à l'article 5, « *Postes* », où je relève une diminution de
5,850 fr. destinée déjà à balancer dans une certaine mesure l'excé-
dent projeté à l'article 3. Cette diminution provient, en premier
lieu, de ce que j'ai porté pour mémoire, au lieu de l'inscrire en
chiffres effectifs, les 3,000 fr. pour frais de transit en Amérique et
les frais relatifs à la convention postale de Berne. Ils m'ont paru en
effet devoir être imputés plus justement au même titre que les
dépenses générales du service postal international, et on les
paierait dès lors sur le reliquat de la subvention métropolitaine.
En second lieu, je prévois une économie de 3,000 fr. sur le service
postal entre Papeete et Moorea, qui serait assuré par des embarcations à voiles, au lieu de s'effectuer par le steamer *Eva*, depuis
quelque temps désarmé.

Par contre, j'ai augmenté de 100 francs le crédit affecté à la distribution des courriers dans les districts, en vue de permettre de
remplacer à l'occasion un courrier malade ou de faire effectuer, en
cas de nécessité, des distributions supplémentaires. J'ai majoré également de 50 francs les frais d'affranchissement de correspondances
et journaux officiels, pour suivre aussi exactement que possible la
moyenne annuellement établie par les registres de contrôle. L'économie se réduit donc, en résumé, à 5,850 francs.

*   *

Chapitre 11. — Avec le chapitre 11, « *Dépenses diverses* », nous
abordons, Messieurs, une phase nouvelle de notre projet de budget.

Les chapitres qui vont suivre, à l'exception du Chapitre 12, renferment en effet, comme vous le savez, des dépenses d'un caractère plus variable et d'un classement moins certain. La plupart d'entre elles ne se reproduisent pas périodiquement et d'une façon uniforme ou continue comme les dépenses usuelles d'administration ou de finances ; d'où la nécessité de les ranger, autant que possible, dans un ordre logique et raisonné qui en simplifie l'examen. C'est dans cette idée que j'ai classé tout d'abord dans les dépenses diverses toutes celles qui, ne ressortissant par elles-mêmes à aucun chapitre déterminé, peuvent néanmoins être prévues, être supputées d'une manière exacte.

En premier lieu viennent les différentes subventions accordées par le budget local. La Chambre d'agriculture, qui dans le budget de l'année dernière figurait à cet article pour 30,000 fr., a remis à mon administration un projet de budget pour 1889 comportant un total de 25,000 fr. seulement. J'ai été très heureux de la modération de ces propositions, qui me permettent de réaliser, en les consacrant, une réduction sérieuse pour le budget général. De ce chef donc, économie de 5,000 francs.

Pour suivre un principe analogue, j'ai pensé que la Chambre de commerce voudrait bien tenir compte, elle aussi, de la gêne momentanée de nos finances, en renonçant à une partie de l'appoint modeste que lui fait la colonie ; c'est naturellement, Messieurs, l'unique raison de la diminution de 500 fr. que j'ai proposée sur ce point.

Quant à la fanfare locale, bien qu'elle ne soit pas une institution d'utilité publique, elle offre à notre population un attrait si puissant et une distraction si goûtée que je n'ai pas songé un instant à réaliser d'économies de son chef, et comme il serait d'ailleurs impossible d'assurer son fonctionnement avec un crédit réduit, j'ai maintenu intégralement l'allocation de 8,000 fr. qui lui est faite.

* *

L'article 3, « *Remboursement divers à la Caisse agricole* », augmente de 38,346 fr. 79 le montant total du Chapitre 11. J'ai déjà eu l'honneur de vous faire connaître les raisons de cette augmentation apparente : elle provient, comme je le disais au début de ce travail, de la suppression du budget extraordinaire, conséquence de la rétrocession projetée de Mamao à la Caisse agricole. Je ne reviendrai pas sur la portée de cette combinaison, qui permet au budget local de se libérer d'une dette dont l'acquittement le gêne, tout en évitant une dépense d'entretien coûteuse pour lui. Quoi qu'il en soit, et cette combinaison admise, il lui reste à s'acquitter encore d'un reliquat de 38,346 fr. 79. Ce reliquat, je l'ai prévu au Chapitre 11, « Dépenses diverses », plutôt qu'au budget extraordinaire, parce que de cette façon nous nous donnons la possibilité de l'acquitter sur les ressources ordinaires et courantes de l'exercice prochain, au lieu qu'en le plaçant aux dépenses extraordinaires, il eût fallu le balancer au budget des recettes au moyen d'un prélèvement d'égale somme — prélèvement qui, vous le savez, Messieurs, eût été notablement supérieur à l'avoir actuel de la caisse de réserve.

Quant au détail même du reliquat en question, vous le connaissez, Messieurs. Il comporte :

1º Les deux dernières annuités dues à la caisse pour l'opération d'immigration de 1883......................... 11.743ʳ46

2º Le remboursement de la prime payée aux Arorai ayant renoncé à leur rapatriement.................... 7.500 »

3º Le remboursement des frais de rapatriement des Arorai par la *Gauloise*.......................... 19.103 33

Total...... 38.346ʳ79

A l'article 4, j'ai réuni une série des dépenses éparses jusqu'à présent dans plusieurs articles : la plus importante est celle qui a trait à la célébration de la fête nationale. J'en ai porté le crédit de 8,242 fr. à 10,000, chiffre généralement admis avant l'année dernière. Lors du vote du dernier budget, le service des Travaux publics était en possession d'un matériel assez considérable, envoyé de France trop tardivement pour servir au 14 juillet 1887, et payé par anticipation au moyen d'un crédit supplémentaire. On avait dû acheter sur place tous les objets d'ornementation nécessaires, et l'on a utilisé le nouvel envoi à la fête de 1888 ; d'où l'économie prévue exceptionnellement sur cet objet. Cette année elle n'aurait plus sa raison d'être, et j'ai la conviction que le chiffre de 10,000 fr. pour la fête de la France et de la République ne sera par aucun de vous taxé d'exagération.

Les autres dépenses de cet article 4 sont d'ordre secondaire, mais doivent néanmoins entrer en ligne de compte : j'ai maintenu les chiffres anciens pour l'abonnement aux recueils administratifs et aux journaux, et pour la délivrance de vivres au service Local, mais j'ai diminué de 200 francs les frais d'entretien et de remontage des pendules, le chiffre de 600 francs me paraissant exagéré.

Au même article 4, vous avez remarqué, Messieurs, l'inscription pour mémoire des frais d'achat et d'envoi d'objets destinés à l'Exposition universelle. La suppression du budget extraordinaire a nécessité cette transposition. J'ai porté la dépense pour mémoire, puisqu'un crédit de 10,000 fr. est prévu pour l'exercice en cours, et qu'il peut suffire pour tous les achats et toutes les expéditions à effectuer d'ici à la fin de l'année.

Enfin j'ai prévu à cet article, et *pour mémoire*, le montant des avances éventuelles à faire aux fonctionnaires prenant leur retraite dans la colonie. C'est, Messieurs, l'application d'une de vos récentes délibérations.

Toujours comme conséquence de la suppression du budget extraordinaire, j'ai classé enfin à l'article 5 du Chapitre 11 les dépenses d'introduction de colons français dans la colonie. Là aussi, la prévision est pour mémoire. Un crédit de 10,000 fr. est en effet voté pour cette année, et sera, selon toute probabilité, utilisé. S'il ne l'était pas, il retournerait à la caisse de réserve après la clôture des opérations de l'exercice et du compte, et l'on ouvrirait, par contre, un nouveau crédit auquel il serait pourvu sur les voies et moyens de l'exercice prochain.

Chapitres 13, 14, 15 et 16. — Je passe pour un instant le Chapitre 12, et je ne dirai que quelques mots des Chapitres 13, *Dépenses accessoires de la solde;* 14, *Dépenses imprévues;* 15, *Dépenses d'ordre,* et 16, *Frais d'hospitalisation.* Ces chapitres n'offrent, en effet, rien de particulier à signaler.

Aux « Dépenses accessoires de la solde », j'ai dû majorer de 5,000 fr. le crédit inscrit l'année dernière pour « Frais de route, de séjour et de passage des fonctionnaires ». En agissant autrement, je resterais visiblement au-dessous de la moyenne constatée annuellement, ce qui serait d'une mauvaise administration. Mais je n'ai pas voulu, Messieurs, forcer l'augmentation, parce qu'il est permis de penser que les déplacements et les changements de toute nature dans le personnel de l'administration locale ne seront pas aussi nombreux que les années précédentes.

La prévision pour les « Dépenses imprévues » a été établie conformément à la dépêche ministérielle du 26 janvier 1888, qui a fixé au chiffre de 10,000 fr. le montant de ce chapitre, obligatoire aux termes du § 14 *in fine* de l'article 51 du 2ᵉ décret du 25 décembre 1885.

Enfin les « Dépenses d'ordre », qui jusqu'à présent n'ont figuré au budget que pour mémoire, sont cette année portées en chiffres réels. Le système suivi jusqu'à présent avait l'inconvénient d'entraîner de fréquentes demandes de crédits supplémentaires ; je crois qu'il est préférable de procéder au moyen d'une approximation, basée, bien entendu, sur des données à peu près certaines. Il est de toute évidence, Messieurs, que les 3,100 fr. inscrits de ce chef aux prévisions du Chapitre 15 ne sauraient aucunement être considérées comme une augmentation des charges du budget prochain.

⁎

Chapitre 12. — Il ne me reste plus, pour terminer sur Tahiti et Moorea, qu'à dire quelques mots sur le Chapitre 12, « *Ponts et Chaussées et Service topographique* ». Je ne m'explique pas très bien le classement de ce chapitre, qui me semblerait trouver plus logiquement sa place dans le cadre du Chapitre 6, « Services administratifs », dont il formerait un simple article, conformément à la pratique suivie dans d'autres colonies. Mais je ne vois, bien entendu, aucun inconvénient à ce qu'il ait formé un chapitre distinct, et je me suis gardé de rien modifier sur ce point.

Comme vous le remarquerez, Messieurs, ce chapitre comprend, cette année, des dépenses classées auparavant dans le budget extraordinaire : ce sont les dépenses du service topographique, et de là provient une augmentation de 14,068 fr., qui n'exige de ma part aucune explication, puisqu'il ne s'agit que d'une simple transposition. Cette augmentation du Chapitre 12 se réduit à 13,019 fr. 39 par suite d'une diminution de 762 fr. 50 que j'ai pu réaliser sur le « Personnel » des Ponts et Chaussés en remplaçant les deux élèves-piqueurs par un piqueur de 2ᵉ classe. J'ai donc maintenu tel qu'il est le cadre de ce service. Je l'ai fait, Messieurs, pour tenir compte des intentions clairement manifestées par vous au cours de la dernière session extraordinaire : lors de la discussion sur le service topographique, plusieurs membres du Conseil général se sont élevés avec insistance contre toute augmentation du personnel des

Travaux publics, et je n'ai pas voulu, à aussi brève échéance, sembler jeter comme un défi aux intentions présumées de la majeure partie d'entre vous. Mais je n'en ai pas moins le devoir de vous faire connaître mon sentiment, et je vous déclare avec franchise que le cadre tel qu'il est aujourd'hui constitué est, à mon sens, absolument insuffisant, au point de vue surtout des agents techniques. C'est une obligation pour moi, si je ne veux pas assumer une lourde responsabilité, de vous signaler l'état de gêne dans lequel se trouve fréquemment le service des Ponts et Chaussées par suite de l'absence d'éléments essentiels à son bon fonctionnement. Un conducteur de plus, emprunté à la métropole et destiné à servir en sous-ordre à Papeete, serait d'une incontestable utilité, et permettrait au chef du service d'exercer, comme il le doit, le contrôle et la surveillance souvent pénibles des divers travaux de la ville, des routes et des chantiers situés hors du chef-lieu.

J'insisterai, Messieurs, quand le moment sera venu. Je répéterai ce que je disais il y a quelques instants, au sujet de la police : le service fonctionne tel qu'il est organisé, il continuera à fonctionner avec le plus de régularité possible, mais si l'on pouvait le renforcer ou, plus exactement, le compléter d'un rouage nouveau, j'estime qu'on ferait acte de prévoyance et de sage administration et que l'on servirait l'intérêt des finances coloniales elles-mêmes en évitant pour l'avenir des lenteurs forcées, mais toujours coûteuses, dans l'exécution des travaux de bureau et de la main-d'œuvre. Il ne faut pas perdre de vue, au surplus, que l'œuvre du cadastre est essentiellement temporaire, et que la cessation des opérations amènera forcément avec elle une réduction du personnel et, partant, une diminution dans les dépenses.

Nous examinerons cette question de concert, Messieurs : pour le moment, je me conforme officiellement à vos récentes décisions, sauf à débattre sous peu, avec l'assemblée locale, les remaniements ou les modifications dont nous reconnaîtrons l'opportunité.

* *

J'ai terminé, Messieurs, l'examen du projet de budget des dépenses pour Tahiti et Moorea.

Avant de passer aux archipels, je vous demande la permission de jeter un coup d'œil rétrospectif sur l'ensemble des 16 premiers chapitres, et je vous prie de vouloir bien faire une comparaison :

Tabiti et Moorea ayant, depuis 1882, un budget distinct de celui de nos autres possessions, il m'a semblé intéressant de consulter à partir de cette époque les budgets et les comptes de développement de chaque exercice, afin d'en mettre en regard, avec le travail que j'ai l'honneur de vous présenter, les prévisions et les résultats définitifs.

En 1884, les dépenses de toute nature pour Tahiti et Moorea s'étaient élevées, au total, à 1,069,311 fr. 08 ; ce chiffre suit pour les années suivantes une progression décroissante, puisqu'il n'atteint en 1885 que 1,014,587 fr. 17, et tombe en 1886 à 928,636 fr. 45 ; il ne se relève légèrement que pour l'exercice qui a pris fin le 30 juin dernier, et dont le chiffre de dépenses s'élève pour Tahiti et Moorea à la somme nette de 960,579 fr. 11, d'après le document que vous avez sous les yeux.

Il vous est dès lors facile de constater, Messieurs, que mon administration, imitant sa devancière, n'a point essayé de remonter le courant, et qu'elle a tenu au contraire à accentuer la progression que je signalais tout-à-l'heure. Le projet de budget de Tahiti et Moorea se balance en effet à un chiffre relativement modéste, et réalise une économie très appréciable, en définitive, puisqu'il reste sensiblement au dessous non seulement des résultats constatés antérieurement, mais encore — point à retenir — au-dessous des prévisions précédemment inscrites.

Et cette dernière assertion, Messieurs, m'amène à compléter cette comparaison en examinant, non plus les comptes, mais les budgets antérieurs. Pour ne pas remonter trop loin dans nos archives budgétaires, je prends le budget pour 1884, où nous trouvons 1,068,813 fr. 78 de dépenses pour les deux îles, sur lesquels 101,900 fr. de dépenses extraordinaires. En 1885, le total de cette partie du budget est de 1,012,240 fr., dont 894,588 fr. 66 votés par le Conseil général de l'époque, le surplus provenant d'inscriptions complémentaires du Conseil d'administration.

Le budget de 1886 est moins largement doté ; il n'a pour Tahiti et Moorea que 965,970 fr., sur lesquels 518,068 fr. 43 pour les dépenses de personnel et 47,550 de dépenses extraordinaires ; mais l'année suivante (1887) ce chiffre est majoré de plus de 150,000 fr. par le Conseil général nouvellement créé. Le montant des crédits alloués à l'Administration s'élève à 1,091,083 fr. pour les dépenses ordinaires et 33,871 fr. 73 pour les dépenses extraordinaires, soit, au total, 1,124,954 fr. 73, bien qu'à ce moment l'avenir financier de la colonie eût pris déjà un aspect un peu inquiétant. Enfin le budget de Tahiti et Moorea pour l'exercice 1888 comprend 731,490 fr. 78 de dépenses ordinaires et 70,871 fr. 73 de dépenses extraordinaires, en comptant les 12,000 fr. du crédit supplémentaire ouvert le 31 décembre 1887 pour subvenir aux frais du cadastre; soit, en définitive, 802,362 fr. 51.

Ces chiffres, Messieurs, sont d'une rigoureuse exactitude : vous pouvez donc les admettre en toute confiance, et mettre en parallèle ceux du projet soumis à vos suffrages et qui s'élève à 810,155 fr. 81. Ce résultat présente en apparence une augmentation de 8,000 fr. en chiffres ronds: vous allez voir cette augmentation disparaître au moyen d'un calcul fort simple, et faire place à une diminution réelle, dont vous pouvez très facilement obtenir l'explication en vous reportant par la pensée à la première partie de ce rapport, dans laquelle je vous ai montré l'économie nette qui peut résulter, pour nos prévisions, de la rétrocession de Mamao, grâce au recouvrement par le service Local du terme de 18,000 fr. déjà payé par lui à la Caisse agricole. Vous remarquerez en effet, Messieurs, que je n'ai point fait figurer ce recouvrement aux recettes effectives, et que je ne l'ai inscrit que pour mémoire, ce qui nous permet de demander à la Caisse agricole, en guise de remboursement, une réduction d'égale somme sur la dette que le service Local a contractée envers elle. Cette combinaison admise réalise d'une façon bien claire une diminution de 18,000 fr. sur nos prévisions de dépenses, et le total apparent du projet de budget de Tahiti et Moorea tombe en définitive à 792,155 fr. 81, soit 10,206 fr. 70 de moins que l'année dernière, sans tenir compte, bien entendu, des autres économies réalisées par ailleurs pour le budget local par la rétrocession éventuelle de son immeuble ou par les réductions sérieuses que nous relèverons aux prévisions des archipels.

J'aime à penser que cette comparaison dernière vous édifiera, Messieurs, sur les idées de stricte modération qui m'ont guidé dans la préparation du budget, et j'ai l'espoir que le Conseil général m'en tiendra compte lors de ses votes futurs. Confiant, au surplus, dans le rendement prochain de l'octroi de mer réorganisé, je ne considère le présent document que comme un projet *de prudence*, et je m'en remets à vous du soin de le compléter, si nos recettes le permettent, par l'affectation des ressources nouvelles à des œuvres d'utilité coloniale ou maritime dont l'ajournement s'est jusqu'à présent imposé.

II.

ARCHIPELS.

Nous allons maintenant consacrer quelques lignes au projet de budget des archipels. C'est là une partie délicate du travail de l'administration, parce qu'il lui faut naturellement, tout en suivant les règles d'une stricte économie, attribuer à chacun des archipels une dotation en rapport tout à la fois avec les besoins généraux de la vie administrative et les exigences spéciales de sa situation industrielle ou commerciale. Je me suis efforcé de m'inspirer de ce double principe, en écartant toute considération relative à la date ou aux incidents des annexions successives, et en évitant avec soin de m'arrêter, pour l'établissement des allocations, aux différences d'origine ou de religion que peuvent présenter nos diverses possessions de cette partie du Pacifique.

* * *

A. — Marquises.

Pour suivre l'ordre admis dans les derniers budgets, les Marquises viennent en premier lieu, et les Chapitres 17 et 18 leur sont consacrés, le premier pour les dépenses du personnel et le second pour celles du matériel, d'après la distinction ordinaire.

Je n'entrerai pas, Messieurs, dans le détail des articles ; ce serait donner à ce modeste exposé une ampleur hors de proportion ; je me bornerai seulement à l'explication des différences.

Le budget total des Marquises accuse une diminution de 4,829 fr. 90 sur le personnel, et une diminution de 8,695 fr. 20 sur le matériel, soit au total une réduction de 13,525 fr. 10 sur les prévisions générales.

Je vous signale particulièrement la réduction sur le personnel, parce qu'elle doit, je pense, répondre aux vues du Conseil général. En voici les bases principales, et je n'ai, Messieurs, qu'à les énumérer purement et simplement, parce que chaque diminution ou suppression s'explique d'elle-même :

La première pourtant mérite une mention spéciale : il s'agit de la suppression du poste de sous-administrateur, et vous avez là sous les yeux, Messieurs, une preuve de l'empressement apporté par l'administration à se rendre à vos désirs toutes les fois que la chose lui est possible. Le Conseil général, dans l'une des discussions marquantes de la dernière session, s'est élevé — à propos de certaine demande de virement — contre l'installation, aux frais du service Local, d'un sous-administrateur pour le groupe Sud-Est des Marquises. Le budget Colonial ayant, par ailleurs, refusé de maintenir dans cette situation un de ses officiers ou fonctionnaires, l'administration s'est inclinée et, bien que l'utilité du poste en question ne fît pour elle aucun doute, elle a remplacé le sous-administrateur par un maréchal des logis de gendarmerie chef de pr... e ; d'où une économie de 970 fr., représentant les frais de service du fonctionnaire supprimé.

Cette réduction s'est renforcée de quelques autres, qui sont :

Réduction de 480 fr. sur les frais d'écritures alloués à l'administrateur ;

— de 552 fr. sur les frais d'interprètes (suppression d'un interprète non commissionné) ;

— de 282 fr. sur l'indemnité allouée au gardien de l'hôtel de l'administrateur.

La même mesure va d'ailleurs se reproduire dans les autres archipels.

Ce premier ensemble fournit un total de 2,284 fr., mais l'économie se réduit réellement à 1,411 fr., par suite de l'inscription d'une somme de 582 fr. pour indemnité au maréchal des logis de gendarmerie faisant fonctions d'agent spécial, et d'une somme de 291 fr. pour indemnité au gendarme détaché qui l'accompagne.

Les autres réductions opérées sur le Chapitre 17 sont les suivantes :

1,000ᶠ » sur la police indigène, l'augmentation de l'effectif des gendarmes permettant cette diminution ;

2,650 » sur l'instruction publique, plusieurs écoles prévues n'existant pas encore ou ayant cessé d'exister ;

500 » sur le service du port (diminution du nombre de patrons et canotiers employés dans les postes) ;

300 » sur les salaires des bouviers à Taiohae (suppression d'un emploi) ;

543 12 sur les vivres (suppression d'un rationnaire relevant du service Marine).

Par contre, Messieurs, nous trouvons à la fin du chapitre une augmentation apparente de 2,095 fr. 20. Elle provient de la transposition de l'indemnité pour frais de tournées et de service allouée au médecin de la marine et à l'infirmier, indemnité portée indûment en 1888 au chapitre du Matériel. Nous allons la trouver en diminution à ce Chapitre 18 que nous allons passer rapidement en revue, et dont les réductions seront, elles aussi, je l'espère, bien accueillies par le Conseil général.

En voici le détail :

La plus forte concerne l'agriculture, à laquelle était affectée, pour le budget de 1888, une subvention de 5,000 francs. Jusqu'à présent, l'on n'a pas eu l'occasion d'en faire usage ; une partie cependant a été distribuée en primes. Il a semblé dès lors exagéré, dans l'état actuel de la colonie, de maintenir un crédit aussi fort, et je l'ai réduit dans mes prévisions au chiffre de 1,000 fr., qui suffiront à encourager les agriculteurs ou colons malheureusement trop rares de l'archipel. S'il se présentait, au surplus, une occasion de faire plus largement les choses, et que nos moyens le permissent, il serait toujours facile de prendre au cours de l'exercice une mesure spéciale. Notons donc de ce chef une économie de 4,000 fr., à laquelle viennent s'ajouter les réductions suivantes, basées sur les résultats constatés l'année dernière et depuis le commencement de cette année même :

100' sur l'habillement des mutoi ;

1.200 sur les fournitures classiques, que l'administration se chargera elle-même d'envoyer, réalisant ainsi sur les prix du commerce une économie sensible ;

100 sur les frais du troupeau local ;

600 sur le matériel du port : une embarcation neuve vient d'être achetée, d'où réduction toute naturelle des frais d'entretien ;

500 sur le mobilier des postes de gendarmerie : cette somme avait été prévue exceptionnellement, pour l'année 1888, en vue de l'achat d'un coffre-fort.

Enfin, aux « Dépenses diverses », 1,000 fr. sont diminués sur les médicaments à délivrer aux indigènes, 900 fr. sur les frais de voyage et de tournées, et 600 fr. sur les dépenses imprévues.

Ce sont là toutes opérations d'ordre intérieur, n'offrant qu'un intérêt de fait, et qui, comme je le disais tout-à-l'heure, ont eu comme base l'examen des documents de la comptabilité courante.

Une seule augmentation doit être relevée, à l'article des Travaux publics : c'est la prévision d'un crédit de 2,000 fr. pour réfection du quai et de l'embarcadère de Taiohae. Il s'agit là, Messieurs, d'un travail indispensable et qui n'a été que trop retardé par suite des circonstances. Des accidents sont à craindre si l'on n'apporte un remède rapide à l'état actuel des choses. L'embarcadère et le quai sont en ruines. Je puis l'affirmer *de visu*, car lors de mon arrivée dans la colonie, il y a six mois, leur solidité était déjà plus que compromise. La dépense qui vous est demandée est donc d'utilité publique, et j'estime qu'il serait dangereux de l'ajourner.

En résumé, Messieurs, le projet de budget des Marquises est un projet d'économie, mais les allocations prévues doivent suffire si l'on se base sur les précédents certains que j'ai eus sous les yeux. Il est malheureusement évident qu'en raison de la suppression de l'impôt personnel, l'archipel ne donnera pas en recettes les compensations des années antérieures.

* *

B. — Tuamotu.

Comme celui des Marquises, le projet de budget de dépenses des Tuamotu présente une économie appréciable : 12,975 fr. 35 de diminution au Personnel et 1,310 fr. au Matériel, soit, au total, 14,315 fr. 35 pour l'archipel.

La plupart des réductions qu'il m'a été possible d'apporter à ces deux Chapitres 19 et 20 correspondent de la façon la plus exacte aux réductions similaires du chapitre précédent. Ce n'est donc point ici le lieu de s'étendre avec détails sur leur portée ou sur leurs conséquences.

Mentionnons seulement, Messieurs, au chapitre du Personnel, la suppression de l'agent spécial — proposée dans le même esprit que celle du sous-administrateur des Marquises — et la suppression, reconnue possible après examen, de l'un des deux interprètes attachés à l'administrateur. Les soldes additionnées de ces deux fonctionnaires disparaissant du budget, ainsi que l'indemnité de cherté de vivres qui leur était allouée, constituent un total de 7,055 fr. 80. C'est donc — en bloc — une première économie de pareille somme que réalise le projet de budget.

Le personnel de l'instruction publique est également réduit de 4,000 fr. en chiffres ronds (3,944), les dépenses réelles annuellement constatées étant notablement au-dessous des prévisions du budget dernier. Ici encore, mon administration s'est basée sur ses états de paiement officiels pour établir une moyenne tout à la fois suffisante et modérée.

L'indemnité du surveillant de la prison est ramenée au même chiffre que celle de son collègue des Marquises, soit une économie nouvelle de 282 francs.

Le personnel des canotiers du port subit aussi la loi d'économie. Il est diminué de moitié, soit un boni, sur ce seul point, de 1,182 fr. Le crédit d'égale somme maintenu au projet sera affecté au seul port de Fakarava, l'expérience ayant montré que partout ailleurs les agents indigènes se servent de leurs embarcations. Une exception est faite toutefois en faveur du poste d'Anaa, pour lequel un crédit sera prévu au titre du Matériel.

Mentionnons enfin, pour en finir sur le personnel des Tuamotu, une diminution de moitié (500 fr.) sur le chiffre des remises de 2 1/2 p. 0/0 aux percepteurs. Cette économie me semble justifiée par la suppression de l'impôt personnel, qui, en amoindrissant le rendement fiscal, amène forcément une réduction correspondante du tant pour cent de perception.

Tous les autres articles conservent leurs prévisions respectives ; et comme vous avez sous les yeux le budget courant, je considérerais comme un travail superflu de donner ici au Conseil général des développements qui lui sont inutiles.

. . .

Je passe, Messieurs, au Matériel (Chapitre 20), où nous relevons la trace des économies suivantes :

100ᶠ sur l'habillement des mutoi, mesure analogue à celle qui serait prise pour les Marquises ;

200 sur les fournitures scolaires, que nous expédierons par la voie administrative, ainsi que je l'exposais il y a un instant ;

160 sur les frais de nourriture et d'habillement des détenus ;

500ᶠ sur les dépenses accessoires de la solde (frais de tournées et
autres), résultat logique de la suppression de l'agent spécial ;
180 enfin sur les dépenses imprévues, réduction établie sur l'avis
du bureau de la comptabilité.

Vous n'avez à constater à ce chapitre, Messieurs, qu'une seule
augmentation—de 300 fr.—pour transport de fonds destinés à l'a-
gence spéciale. Une prévision analogue est inscrite au budget des
Marquises, mais je n'en ai pas parlé, parce qu'elle disparaissait dans
l'ensemble de l'article, en face d'économies supérieures. Ces prévisions n'existaient pas aux budgets antérieurs ; je les crois indispensables pour éviter des demandes de crédits supplémentaires
répétées. La prévision se reproduira donc pour chaque archipel.

En terminant le budget des Tuamotu, j'ai le devoir, Messieurs,
de faire observer que le projet soumis à vos suffrages est naturellement conçu en dehors de toute idée nouvelle : le percement de
l'isthme de Panama peut exercer sur l'avenir de cet archipel une
influence puissante et modifier dans leurs lignes essentielles les con-
ditions de sa vie économique et le caractère même de sa population.
Les travaux préliminaires dont on déciderait l'étude ou l'exécution
en vue d'étendre à la colonie les bienfaits de cette œuvre française
et civilisatrice amèneraient au régime financier des Tuamotu des
modifications trop importantes pour que j'aie le droit d'en poser les
bases. Je me suis donc maintenu dans le cadre restreint qui m'était
réservé, laissant à des compétences plus autorisées que la mienne
le soin d'indiquer la marche à suivre et les moyens d'assurer le
succès matériel de l'entreprise : l'Administrateur respecté que j'ai
l'honneur de représenter auprès de vous a déjà recueilli sur ce
point des données certaines qu'il s'apprête à compléter encore—sans
ménager ses peines et son travail—et ce ne sera point, Messieurs,
l'un des moindres mérites de son gouvernement que d'avoir donné
à la métropole l'indication précise des mesures à prendre pour faire
des Etablissements français de l'Océanie l'une des escales obligatoires de la grande route du Pacifique.

C. — Gambier.

L'économie totale projetée sur le budget des Gambier est de
4,256 fr. 70, dont 1,925 fr. 58 pour le Personnel et 2,331 fr. 12 pour
le Matériel.

Le personnel de l'administration générale n'a point ici subi de modification ; il a paru équitable de conserver à l'administrateur de
cet archipel un collaborateur, comme aux Marquises et aux Tuamotu,
d'autant que le maintien du poste d'agent spécial doit permettre
au titulaire la continuation d'une étude technique intéressante sur
l'élevage et la pêche de la pintadine. Nous relevons cependant à
l'article 1er deux réductions : la première, de 546 fr., porte sur les
frais de service, de bureau et de tournées de l'administrateur, qui
trouve une compensation dans l'indemnité nouvelle qui lui est
accordée pour remplir les fonctions de juge de paix ; la seconde,
de 1,358 fr., est obtenue par la suppression du boulanger de l'administration, emploi devenu inutile aujourd'hui, le pain se trou-
vant facilement sur place. Soit, du chef de ces deux réductions,
1,904 francs.

Il y a lieu d'y ajouter :

600ᶠ » de réduction sur le personnel des mutoi, dont le crédit
est ramené de 1,500 fr. à 900. Cette diminution est
basée sur le petit nombre des habitants et sur la faci-
lité avec laquelle peuvent s'exercer à Mangareva la
surveillance et l'action de la police.

1.500 » sur l'instruction publique. Il n'y a que 25 à 30 enfants
dans tout l'archipel, et le crédit de 3,000 fr. actuellement accordé n'est jamais épuisé ; il m'a donc semblé
opportun de ne pas grossir inutilement les prévisions.

58 20 sur l'indemnité du gardien de la prison (mesure générale);

256 » sur la prime de 0ᶠ 50 par plaque d'impôt sur les chiens,
50 fr. à peine ayant été dépensés, de ce chef, pendant
l'année dernière sur le crédit de 300 fr. prévu au
budget.

Ces différentes réductions forment une économie totale de
4,318 fr. 20, mais il y a lieu d'en déduire une somme de 2,619 fr.
prévue en augmentation pour frais de représentation des chefs. Les

crédits ont été ramenés au chiffre de 1887, à la suite du consentement donné par ces chefs à l'abrogation du code mangarévien, en sorte que l'économie définitive sur le personnel n'est que de 1,925 fr. 58.

Le Matériel, comme je l'ai dit, Messieurs, en commençant, présente une diminution plus forte, et dont les éléments sont la reproduction des économies réalisées aux archipels précédents :

100ʳ » sur l'habillement des mutoi ;
400 » sur les fournitures scolaires ;
800 » sur le service du port, pour lequel une embarcation neuve a été achetée l'an passé ;
543 12 à l'article « Vivres », en raison de la suppression d'un rationnaire, le boulanger du gouvernement ;
138 » aux dépenses imprévues, prévision basée sur les dépenses moyennes des dernières années.

Enfin une économie que j'ai réservée pour la fin, bien qu'elle se rapporte à l'article 3, « Prisons », mérite une mention spéciale. J'ai prévu 750 fr. en moins pour la nourriture des détenus et les frais généraux de la détention : cette diminution se base sur le petit nombre relatif des condamnations depuis les incidents politiques qui ont abouti à l'abrogation du Code mangarévien. On ne peut que se féliciter de l'état de choses nouveau, et le petit budget pénitentiaire des Gambier doit naturellement diminuer ses prévisions en conséquence.

A propos de ces frais de nourriture des détenus, on s'était préoccupé de réaliser une certaine économie, en créant à l'usage des condamnés indigènes une ration spéciale, dont le prix de revient serait notablement inférieur à la ration ordinaire. J'ai pensé qu'il n'était pas opportun d'établir cette distinction, et je n'ai pas donné suite pour le moment aux propositions qui m'étaient faites dans ce sens, préférant m'en tenir au régime égalitaire qui sert actuellement de règle dans les diverses prisons de la colonie.

Le total des réductions que nous venons de passer en revue se monte à 2,731 fr. 12. Il y a lieu de le ramener au chiffre de 2,331 fr. 12, en raison d'une prévision nouvelle de 400 fr. inscrite cette année pour transport de fonds, par application de la mesure générale dont j'ai déjà parlé. Outre que cette façon de procéder évite la nécessité de crédits supplémentaires, elle fait disparaître au projet de budget une lacune qu'il était indispensable de combler.

D. — Tubuai — Raivavae — Rapa.

Je passerai rapidement, Messieurs, sur cette dernière partie du budget des archipels, qui ne nous offre—malgré son intérêt—rien de particulièrement nouveau.

Le Chapitre 23 (Personnel) s'élève à 7,876 fr. 16. Il accuse donc, sur les allocations inscrites pour 1888, une diminution de 246 fr. 35, provenant de la suppression d'un mutoi à Tubuai et à Raivavae.

Quant au Chapitre 24 (Matériel), il présente une réduction totale de 4,495 fr., se décomposant comme il suit pour chacune des trois îles :

300ᶠ de réduction sur le matériel du port (un canot doit être acheté sur les fonds de l'exercice en cours);

300 sur les fournitures scolaires et prix annuels, qui seront envoyés directement par les soins de l'administration;

50 sur l'entretien du mobilier; et

25 sur les travaux des routes —

réductions basées sur les dépenses courantes de l'exercice actuel.

En revanche, le crédit insuffisant de la fête nationale a été doublé aux prévisions — 200 fr. au lieu de 100 — afin de permettre à ces petites localités de célébrer d'une façon convenable le centenaire de 1889 et d'éviter pour l'avenir la régularisation d'un dépassement forcé de crédits. La subvention à l'agriculture, au lieu d'être prévue en bloc, présente un chiffre distinct et uniforme de 200 fr. pour chaque île. Quant au service postal, il a disparu du Chapitre 24 et il est porté pour mémoire au Chapitre 10 (article « Postes »), en raison de l'éventualité prochaine de la création d'un service régulier dont le cahier des charges est en ce moment à l'étude.

Enfin, en ce qui touche particulièrement l'île de Rapa, vous pouvez constater, Messieurs, une diminution de 1,000 fr. sur l'entretien des bouées et balises, diminution que justifie la comparaison des dépenses actuellement faites avec celles des crédits ouverts.

En tenant compte de ces diverses diminutions, le total des allocations proposées pour le Chapitre 24 est de 4,460 fr., ce qui porte le projet général du budget des dépenses pour les trois îles à 12,336 fr. 16, chiffre inférieur de 4,741 fr. 35 aux prévisions de la dernière année.

Il me reste, Messieurs, à di: quelques mots du *Chapitre 25, Travaux publics*, qui, selon l'usage admis à Tahiti, termine le budget des dépenses ordinaires. Comme les années précédentes, la quotité du crédit alloué aux travaux publics est déterminée exactement par la différence entre les recettes et les dépenses, après le vote respectif de chacune des parties du budget. Il s'élèverait cette année, d'après les prévisions qui vous sont soumises, à la somme totale de 109,920 fr. 05.

Je n'entreprendrai pas d'en passer en revue les éléments et la distribution. C'est un travail de détail, dont je laisserai le soin au chef du service des Ponts et Chaussées, qui se concertera avec la Commission coloniale pour arrêter définitivement le travail élaboré par mon administration, me réservant d'intervenir moi-même quand le plan de campagne sera mis en discussion devant vous. Un point mérite toutefois d'être dès maintenant signalé au Conseil général; je veux parler de l'augmentation du budget de la grande et petite vicinalité. Dans la récente tournée que j'ai entreprise dans l'île et dans la presqu'île, j'ai tenu, Messieurs, à me rendre compte par moi même de l'état défectueux de nos voies de communication et des réparations de toute nature que commandait la situation. Déjà des travaux importants nous ont permis de rendre à la circulation une partie du réseau à peu près condamné depuis le dernier ras de marée. Le passage par voitures est rétabli dans la direction de Papenoo ; les ponts de Mahaena et de Hitiaa ont été consolidés sommairement, en attendant une réfection plus complète que le manque de personnel seul a retardée. Il y aura lieu de compléter ces améliorations premières dans le plus bref délai possible et sur une plus large échelle. Voilà pourquoi, Messieurs, je demanderai, indépendamment de ce qui sera fait cette année, un crédit suffisant pour entreprendre, dès le début de l'année prochaine, tous les travaux d'élargissement et d'empierrement, en même temps que les constructions techniques indispensables pour assurer autour de l'île et dans la presqu'île même la sûreté des relations commerciales en même temps que la rapidité du service postal.

Le crédit prévu au projet, après étude préliminaire et *de visu* faite par le service des Travaux publics, serait de 20,000 fr. supérieur à celui du dernier plan de campagne, sans que l'ensemble de l'article en soit augmenté. Le reste du crédit total de 109,920 fr. 05 serait affecté tout d'abord aux frais annuels résultant des entreprises d'éclairage, de balayage et d'entretien des rues, puis aux dépenses de main-d'œuvre, de matériaux et d'entretien, la mise en action de tous les travaux neufs étant naturellement subordonnée au rendement de l'exercice en cours.

Telles sont, Messieurs, les observations que j'avais à présenter sur le projet de budget que j'ai l'honneur de soumettre au Conseil général, et qui se récapitule de la façon suivante:

Recettes ordinaires.		Dépenses ordinaires.	
Art. 1er. Contributions sur rôles.........	139.145f »	Ch. 1er. Pensions et secours.........	9.690f »
— 2. Droits perçus sur liquidations...	689.500 »	— 2. Contingent imposé à la colonie..	20.860 »
— 3. Produits divers..	137.455 »	— 3. Gouvernement — Conseil privé : Personnel.....	14.959 21
— 4. Subventions	97.220 »	— 4. Gouvernement — Conseil privé : Matériel.......	17.714 »
Total.....	1.063.320f »	— 5. Conseil général..	16.000 »
		— 6. Services administratifs.........	267.751 74
		— 7. Instruction publique...........	83.839 49
		— 8. Justice........	64.689 55
		— 9. Cultes	23.890 »
		— 10. Services financiers.........	121.135 81
		— 11. Dépenses diverses	92.910 79
		— 12. Ponts et chaussées	38.082 22
		— 13. Dépenses accessoires de la solde	20.000 »
		— 14. Dépenses imprévues.........	10.000 »
		— 15. Dépenses d'ordre	3.100 »
		— 16. Frais d'hospitalisation.........	5.500 »
		Total pour Tahiti et Moorea........	810.155f 81
		Ch. 17. Marquises : Personnel	42.628 28
		— 18. Marquises : Matériel	10.980 »
		Ch. 19. Tuamotu : Personnel........	40.802 10
		— 20. Tuamotu : Matériel..........	5.600 »
		Ch. 21. Gambier : Personnel	23.902 20
		— 22. Gambier : Matériel..........	6.997 40
		Ch. 23. Tubuai, Raivavae, Rapa : Personnel........	7.876 16
		— 24. Tubuai, Raivavae, Rapa : Matériel	4.160 »
		Ch. 25. Travaux publics.	109.920 05
		Total......	1.063.320f »

Soit...50,078 fr. 55...de moins que le budget actuel.

Sincèrement désireux de voir adopter par le Conseil général les grandes lignes et les bases fondamentales du projet préparé par mes soins, je n'en accueillerai pas moins, Messieurs, avec tout l'empressement et la déférence qui leur sont dus, les objections ou les amendements que suggérera à chacun de vous son expérience des affaires et des besoins généraux du pays ; et de même qu'une session budgétaire se termine en général par l'expression des vœux de la représentation locale, je tiens à finir, moi aussi, cet exposé des motifs, en émettant un vœu personnel : Je souhaite, Messieurs, aux finances coloniales dont j'ai l'honneur d'avoir la gestion, un prompt et complet relèvement ; et ce serait pour moi une vive et profonde satisfaction si je puis voir au cours de mon séjour parmi vous renaître dans la colonie la prospérité économique ou budgétaire qui lui est indispensable pour envisager avec confiance son avenir politique, industriel et commercial.

Papeete, le 1er août 1888.

Le Directeur de l'Intérieur,

D'INGREMARD.